ASPASIE ET PÉRICLÈS,

OPÉRA EN UN ACTE,

PAROLES DE M. VIENNET,

MUSIQUE DE M. DAUSSOIGNE,

REPRÉSENTÉ, POUR LA PREMIÈRE FOIS, A PARIS, SUR LE THÉATRE DE L'ACADÉMIE ROYALE DE MUSIQUE, LE 17 JUILLET 1822.

Prix : 1 fr. 50 cent.

PARIS,

VENTE, LIBRAIRE DES MENUS-PLAISIRS DU ROI,
ET DES SPECTACLES DE SA MAJESTÉ,
BOULEVARD DES ITALIENS, N°. 7, PRÈS LA RUE FAVART.

1822.

PERSONNAGES.	ACTEURS.
ASPASIE de Milet...............	Mlle. *Grassary.*
PÉRICLÈS, Général Athénien....	M. *Dérivis.*
CLÉON, autre Général..........	M. *Lafeuillade.*
ALCIBIADE, Enfant............	Mlle. *Caroline.*
EURIPIDE, Poëte..............	M. *Eloy.*
SOCRATE, Philosophe..........	M. *Bonel.*
HERMIPPUS, Ami de Cléon.....	M. *Pouilley.*
LÉONIDE, Confidente d'Aspasie..	Mlle. *Reine.*

PHIDIAS, } Coryphées.
ZEUXIS }

Femmes d'Aspasie.
Suite de Périclès.
Suite de Cléon.
Suite d'Alcibiade.
Athéniens.

La scène est à Athène.

Le Théâtre représente les Jardins d'Aspasie. A gauche, est une aîle de son Palais; à droite, un large rideau cache un petit Temple à colonnes que Phidias vient d'élever.

IMPRMERIE DE HOCQUET.

ASPASIE ET PÉRICLÈS,
OPÉRA.

SCÈNE PREMIÈRE.
PÉRICLÈS, EURIPIDE.
RECITATIF.

EURIPIDE.
Tout cède à Périclès, et sa noble éloquence
Du peuple et du sénat a réuni les voix.
   Nos soldats, rangés sous vos lois,
Vont de Lacédémone appaiser l'arrogance.
   Les Athéniens qu'elle offense
   Seront vengés par vos exploits.

PÉRICLÈS.
Ce triomphe, Euripide, excite mon envie,
   Et du sénat le choix m'est précieux.
   Mais je vais quitter Aspasie,
Et je ne songe plus qu'à ses cruels adieux.

EURIPIDE.
   N'attristez point par votre absence
Le jour où d'Aspasie on fête la naissance.
J'attends dans ces bosquets ses illustres amis,
   Phidias, Socrate et Zeuxis ;
   Périclès nous doit sa présence.
   Je croyais même qu'en ce jour
   L'hymen, couronnant votre amour,
De la tendre Aspasie eût comblé l'espérance.

PÉRICLÈS.
Aspasie est l'objet de mes vœux les plus doux ;
   Jusqu'au tombeau je porterai ses chaînes ;
   Mais si je deviens son époux,
   Que dira le peuple d'Athènes ?

ASPASIE ET PÉRICLÈS.

EURIPIDE.

Qu'Aspasie est digne de vous.

DUO

PÉRICLÈS.

Jadis, vive et légère,
A vingt amans fameux
Elle avait l'art de plaire
Et de flatter leurs vœux.

EURIPIDE.

Aujourd'hui, fière et sage,
De vingt amans jaloux
Elle écarte l'hommage
Et ne chérit que vous.

PÉRICLÈS.

De son âme inconstante
On blâme la frivolité.

EURIPIDE.

Dans la Grèce on ne vante
Que son esprit et sa beauté.

PÉRICLÈS.

Ah! je me plais à vous entendre,
Je vois qu'on respecte son nom.
Contre l'amour et la raison
Mon cœur a peine à se défendre.

EURIPIDE.

A ses desirs il faut vous rendre;
On l'aime, on respecte son nom.
Contre l'amour et la raison
Ne cherchez plus à vous défendre.

De l'amitié, du génie et des arts
Son palais est le sanctuaire ;
Elle enflamme par ses regards
Les cœurs à qui la gloire est chère.

PÉRICLÈS.

L'espoir de les fixer me suit au champ d'honneur ;
Je lui dois plus d'une victoire.

EURIPIDE.

Le soin qu'elle a de votre gloire
Nous répond de votre bonheur ;
A ses desirs il faut vous rendre.
On l'aime, on respecte son nom.
Contre l'amour et la raison
Ne cherchez plus à vous défendre.

PÉRICLÈS.

Oui, je me plais à vous entendre,
Je vois qu'on respecte son nom.
Contre l'amour et la raison
Mon cœur a peine à se défendre.

SCÈNE II.

PÉRICLÈS, EURIPIDE, CÉON, HERMIPPUS.

RECITATIF.

PÉRICLÈS.

Mais qui s'offre en ces lieux à mon œil offensé ?
Cher Euripide, auprès de mon amante
Le superbe Cléon m'aurait-il devancé ?

CLÉON.

Faites à vos rivaux un accueil moins glacé,

Calmez l'effroi qui vous tourmente;
Votre amour n'est point menacé.

PÉRICLÈS.

Aspasie était donc absente?

CLÉON.

Non, Périclès, et vous le savez bien.
Dans une profonde retraite
Elle attend votre hommage et refuse le mien.
C'est à l'amant aimé que, dans un jour de fête,
On doit son premier entretien.
Et de ses vœux j'aperçois l'interprête.

SCÈNE III.

PÉRICLÈS, EURIPIDE, CLÉON, HERMIPPUS, LÉONIDE.

LÉONIDE.

Aspasie attend Périclès,
Et déjà, par la renommée,
De votre départ informée,
Elle se plaint de vos délais.

CLÉON.

Vous le voyez; ma présence importune
De vos félicités eût troublé la douceur;
Et l'heureux Périclès....

PÉRICLÈS.

Vous me flattez, Seigneur.
Au moment d'affronter les hasards de Neptune,
A mon départ je dois cette faveur.

SCENE IV.

CLÉON, HERMIPPUS.

AIR.

CLÉON.

Rival audacieux dont la gloire m'offense,
Redoute mes jaloux transports.
Tu viens d'éterniser ma haine et ma vengeance,
Elles te suivront chez les morts.
Je brûlais de venger Athènes,
De mettre Sparte dans nos chaînes ;
Et Périclès m'enlève cet honneur !
Je veux être aimé d'Aspasie,
Je viens lui consacrer ma vie,
Et Périclès m'enlève ce bonheur !
Rival audacieux dont la gloire m'offense,
Redoute mes jaloux transports.
Tu viens d'éterniser ma haine et ma vengeance,
Elles te suivront chez les morts.
Mais ce rival de ma tendresse
Me doit-il seul être odieux ?
L'indigne orgueil de sa maîtresse
M'est cent fois plus injurieux ;
Et l'ingrate qui le préfère
Verrait ses dédains impunis !
Réunissons, dans ma colère,
Ceux que l'amour a réunis.
Oui, couple audacieux dont le bonheur m'offense,
Redoute mes jaloux transports.
Tu viens d'éterniser, etc.

RECITATIF.

HERMIPPUS.

Songez que dans nos murs Périclès est à craindre.
CLÉON.
Je consulte ma haine et non pas le danger.
Laisse à mon cœur blessé la douceur de se plaindre,
　　De haïr et de se venger.
HERMIPPUS.
Du peuple qu'il séduit par sa magnificence,
　Contre les grands il s'est fait un appui.
L'archonte et le sénat éprouvent sa puissance ;
Nos lois même, nos lois se taisent devant lui.
CLÉON.
Je l'ai déjà vaincu ce rival que j'abhorre.
　Contre l'exil que j'ai fait prononcer,
Il n'a pu protéger son maître Anaxagore.
　　Dans un objet plus cher encore,
　　Ma vengeance peut le blesser.
HERMIPPUS.
Le tort d'Anaxagore est celui d'Aspasie.
　　De sophistes pernicieux
S'élève en son école une secte hardie.
Accusons sa doctrine, elle insulte à nos Dieux ;
Et le peuple jamais ne pardonne à l'impie.
CLÉON.
　Hermippus, tu m'ouvres les yeux.
Les voici ! leur aspect redouble ma furie.
　Allons venger mon amour et les Dieux !

SCENE V.

PÉRICLÈS, ASPASIE.

RÉCITATIF.

ASPASIE.

Eh quoi! déjà Périclès m'abandonne,
Et d'une longue absence il menace mon cœur!

PÉRICLÈS.

Je te laisse à regret; mais l'honneur me l'ordonne,
L'amour doit céder à l'honneur.

ASPASIE.

Accorde un jour à ma tendresse,
Je vais compter des siècles de douleur.
Un jour d'amour et de bonheur
S'écoule avec tant de vîtesse!

PÉRICLÈS.

Mon triomphe, Aspasie, offense mes rivaux;
De mes délais ils me feraient un crime.

ASPASIE.

Tes ordres ont à peine assemblé tes drapeaux.

PÉRICLÈS.

J'ai fait, dans le Pyrée, apprêter mes vaisseaux;
Et le soleil, en rentrant dans l'abyme,
Me verra ce soir sur les eaux.

ASPASIE.

Si du moins je pouvais te suivre,
Auprès de toi jouir de tes hauts faits,
Partager les périls où la gloire te livre;
Si les nœuds de l'hymen.... Périclès, je me tais;
Mais sans toi je ne puis plus vivre.

ASPASIE ET PÉRICLÈS.

DUO.

Renonce aux palmes des guerriers,
Assez d'exploits signalent ta vaillance,
Mon cœur n'aime plus les lauriers
Qu'il faut payer de ton absence.

PÉRICLÈS.

Jalouse de sa liberté,
Sparte veut asservir le reste de la Grèce;
Il faut abaisser sa fierté.

ASPASIE.

Mon cœur chérit la liberté,
Mais tes dangers alarment ma tendresse.

PÉRICLÈS.

Si le destin veut mon trépas,
Que je voie, en mourant, triompher ma patrie.
Dans Athènes vengée et dans Sparte flétrie
Mon souvenir ne mourra pas.

ASPASIE.

Tu ne parles point d'Aspasie.
Renonce aux palmes des guerriers,
Assez d'exploits signalent ta vaillance.

PÉRICLÈS.

Je vais de nos rivaux altiers,
Je vais dans Sparte abaisser l'arrogance.

ASPASIE.

Mon cœur n'aime plus les lauriers
Qu'il faut payer de ton absence.

PÉRICLÈS.

Et pour jamais sur mes lauriers,
A tes pieds je pose ma lance.

RECITATIF.

Vers des lauriers plus doux élève tes regards.
La Déesse de vos remparts,
Minerve, de la paix aime aussi les conquêtes.
Dans ses murs embellis fais prospérer les arts ;
Cultive la sagesse, honore les poètes.
La gloire d'Apollon vaut la gloire de Mars.

SCÈNE VI.

PÉRICLÈS, ASPASIE, EURIPIDE, LÉONIDE, PHIDIAS, ZEUXIS, Musiciens, Femmes, Athéniens.

(Une musique harmonieuse se fait entendre. Le rideau qui cachait le monument se reploie, et laisse voir un petit temple à colonnes; le plafond, peint par Zeuxis, représente la naissance de Vénus. Au milieu s'élève une statue de Minerve, sous les traits d'Aspasie. Sur le piédestal est gravé le quatrain suivant, qu'on suppose composé par Euripide. Le temple et la statue sont de Phidias.)

EURIPIDE.

Pour fêter Aspasie, empruntant son image,
Minerve abandonne les cieux.
Vous protégez les arts, et les arts glorieux
S'unissent pour vous rendre hommage.

CHŒUR.

Pour fêter Aspasie, empruntant son image,
Minerve abandonne les cieux.
Vous protégez les arts, et les arts glorieux
S'unissent pour vous rendre hommage.

ASPASIE.

Tant d'orgueil ne m'est point permis;
Mais je rends grâce au motif qui vous guide.
　Je connais le pinceau de Zeuxis,
La main de Phidias, la muse d'Euripide,
　　Et le cœur de tous mes amis.

EURIPIDE.

AIR.

De Pallas et du Dieu qui règne sur les nues,
　　Si Phidias a créé les statues,
　　Vous avez guidé son ciseau.
D'Hélène et de l'enfant à qui tout rend les armes,
　　Si Zeuxis nous a peint les charmes,
　　Vous avez guidé son pinceau.
　　Si d'OEdipe et d'Iphigénie
Mes vers ont retracé les illustres malheurs;
　Si pour Electre ils font couler des pleurs,
　　Vous avez guidé mon génie.

PÉRICLÈS.

　Tout parle ici de tes bienfaits,
Tout justifie et double ma tendresse.
　　Et ton amant avec ivresse
　　Compte les heureux que tu fais.

ASPASIE.

On rend hommage à celle qui t'est chère.
　Toute ma gloire est de te plaire;
　T'aimer est tout ce que je sais.

CHŒUR.

Pour fêter Aspasie, empruntant son image,
Minerve abandonne les cieux.
Vous protégez les arts, et les arts glorieux
S'unissent pour vous rendre hommage.

SCENE VII.

PÉRICLÈS, ASPASIE, ALCIBIADE, EURIPIDE, LÉONIDE, PHIDIAS, ZEUXIS, Chœur, Enfans de la suite d'Alcibiade déguisés en Grâces, en Plaisirs et en Jeux.

PÉRICLÈS.

RECITATIF.

Mais qui vient dans ces lieux, sous les traits de l'Amour,
Conduit par la folie et guidant sur ses traces
Les jeux, les plaisirs et les grâces?
Quoi! c'est Alcibiade! Il manquait à ce jour.

ALCIBIADE.

AIR.

Je suis l'Amour, redoutez ma puissance;
Je triomphe des Rois, des Héros et des Dieux.
Rien n'échappe aux traits que je lance,
Et d'un regard j'embrâserais les cieux.

ASPASIE.

Enfant malin, couvre-toi donc les yeux!

ASPASIE ET PÉRICLÈS,

ALCIBIADE.

Je suis l'amour et je rentre à Cythère;
La fête de Vénus devait m'y rappeler.
Le départ du dieu Mars doit affliger ma mère;
Et je viens pour la consoler.

PÉRICLÈS.

De l'enfant même de Cythère
Aspasie eût trompé les yeux.

ALCIBIADE.

Rassurez-vous, belle immortelle;
Il reviendra vainqueur;
Il reviendra fidelle;
Et son retour bientôt vous rendra le bonheur.

ASPASIE.

La foi d'Alcibiade est légère et frivole,
Je n'ose y compter aujourd'hui.

PÉRICLÈS.

On peut en croire sa parole
Quand il ne répond pas de lui.

ALCIBIADE.

Je suis l'amour, vous dis-je, et craignez ma puissance :
Je triomphe des rois, des héros et des dieux.
Rien n'échappe aux traits que je lance,
Et d'un regard j'embrâserais les cieux!
Venez, troupe aimable et volage,
Jeux, plaisirs, qui formez ma cour;
Voici la mère de l'Amour,
Venez lui porter votre hommage.

ASPASIE.

Ses jeux de ses destins nous présagent le cours.
Né pour l'amour et la victoire,
Heureux enfant d'Athènes, il coulera ses jours
Entre la folie et la gloire.

(*Pendant que le chœur répète ce quatrain, la suite d'Alcibiade vient déposer des fleurs aux genoux d'Aspasie, et forme un ballet dans lequel figurent tour à tour la Folie, les Grâces, les Jeux et les Plaisirs.*)

SCÈNE VIII.

Les Mêmes, SOCRATE.

SOCRATE.

Suspendez vos plaisirs; un horrible danger
Menace les jours d'Aspasie.

PÉRICLÈS.

Que dites-vous, Socrate, on en veut à sa vie?

SOCRATE.

On l'accuse de propager
Les coupables erreurs d'une doctrine impie.
On dit qu'en son palais Minerve est avilie;
Qu'elle s'égale aux Dieux, et qu'il faut les venger
Du temple qu'en ce jour l'amitié lui dédie.
Le peuple la condamne, et sans l'interroger,
L'Aréopage est prêt à la juger.

PÉRICLÈS.

Et quel monstre la calomnie?

ASPASIE ET PÉRICLÈS,

SOCRATE.

Deux obscurs sénateurs : Hermippus, Brasidas.

ASPASIE.

A ce forfait Cléon les encourage.
Du superbe Cléon j'ai dédaigné l'hommage;
Et le perfide a juré mon trépas.

PÉRICLÈS.

C'est moi qui paraîtrai devant l'Aréopage;
Périclès te défend, tu ne périras pas.

ASPASIE.

Non; la gloire t'appelle et ton amour t'égare.
Aux fureurs d'un peuple barbare
N'expose pas pour moi tes honneurs et tes jours.
A ton pays consacre tes années;
Poursuis tes nobles destinées,
Et de mon sort obscur laisse finir le cours.

PÉRICLÈS.

AIR.

Que me font la gloire et la vie
Quand du trépas il faut te préserver?
Si de l'amour on punit Aspasie,
C'est à l'amour de la sauver.
Cléon ne peut m'atteindre, et c'est toi qu'il opprime.
De mon bonheur, ton malheur est l'effet;
Et tu veux être la victime
D'un courroux dont je suis l'objet!
Que me font la gloire et la vie,
Quand du trépas il faut te préserver?
Si de l'amour on punit Aspasie,
C'est à l'amour de la sauver.

SCENE IX.

ASPASIE, SOCRATE, EURIPIDE, LÉONIDE, PHIDIAS, ZEUXIS, ALCIBIADE et sa Suite.

ASPASIE.

Je tremble des périls où son amour l'engage.
Suivez ses pas et veillez sur ses jours.

EURIPIDE.

A vos vertus nous allons rendre hommage,
Et par un noble témoignage,
De Périclès appuyer les discours.

CHŒUR.

A vos vertus nous allons rendre hommage,
Et par un noble témoignage,
De Périclès appuyer les discours.

SCÈNE X.

ASPASIE, SOCRATE, LÉONIDE, Femmes.

SOCRATE.

Votre seul intérêt enchaîne ici mon zèle.
De vos accusateurs Socrate détesté,
Craint d'irriter encor cette foule cruelle.
Mais quel que soit l'arrêt par vos juges dicté,
A vos leçons je resterai fidèle;
Et, martyr de la vérité,
Socrate, comme vous, saura mourir pour elle.

ASPASIE.

Ah! que me fait la mort! Je la vois sans frémir.

SOCRATE.

La gloire d'Aspasie a moins à craindre encore;
Les arts qu'elle chérit, les muses qu'elle honore,
Protégeront son souvenir.

ASPASIE.

Parlez de Périclès à mon ame oppressée !
Lui seul occupe ma pensée,
Et pour lui seul je me sens attendrir.

AIR.

D'Athènes et des arts, Déesse tutélaire,
Pour lui j'implore ton secours.
Que sur moi des méchans s'épuise la colère;
Protége sa gloire et ses jours !
C'est pour lui que de mon jeune âge
Abjurant les folles erreurs,
A tes autels j'apportai mon hommage;
Et pour mériter son suffrage,
Je me parais de tes faveurs.
Mon bonheur a dû faire envie;
Et le jour où sa voix me prête son appui,
Serait le plus beau de ma vie,
Si je ne frémissais pour lui.
D'Athènes et des arts, Déesse tutélaire,
Pour lui j'implore ton secours;
Que sur moi des méchans s'épuise la colère;
Protége sa gloire et ses jours.

RECITATIF.

SOCRATE.

Quel tumulte se fait entendre?
Que veut ce peuple courroucé?
L'Aréopage, ô ciel! aurait-il prononcé?

ASPASIE.

Quel que soit mon arrêt, ils peuvent me l'apprendre.

SCENE XI.

ASPASIE, SOCRATE, LEONIDE, Femmes, Athéniens de la suite de Cléon.

CHŒUR DES ATHÉNIENS.

Vengeons Pallas et ses autels;
Brisons ce temple sacrilège.
Malheur à qui des Immortels
Veut usurper le privilége!

SOCRATE.

Complice d'un vil imposteur,
C'est à vous de les craindre après un tel outrage.
Respectez la beauté, respectez le malheur.

ASPASIE.

Voilà le Dieu qu'a vengé leur fureur;
Il vient jouir de son ouvrage.

SCENE XII.

ASPASIE, SOCRATE, CLÉON, LÉONIDE, Femmes, *Suite de Cléon.*

CLÉON.

D'un pareil attentat pourriez-vous m'accuser?
Je suis prêt à punir leur rage.

ASPASIE.

La voix qui l'excitait suffit pour l'appaiser.

CLÉON.

Non, madame, j'apprends quels dangers vous menacent,
Et quels que soient vos torts, ces dangers les effacent.
   Je viens vous offrir un appui.

ASPASIE.

J'ai choisi mon vengeur et me confie à lui.

CLÉON.

  Dans mon palais, plus sûre et plus tranquille,
    Vous attendrez la fin de ces débats.
De la foudre qui gronde évitez les éclats,
    Et de Cléon acceptez un asile.

ASPASIE.

Si j'étais sans espoir, tu ne t'offrirais pas.

SCENE XIII.

Les Mêmes, EURIPIDE.

EURIPIDE.

   Oui, livrez-vous à l'espérance,
    Le ciel protége vos amours.
   Le Dieu même de l'éloquence
  De Périclès anime les discours.
Des yeux de ce héros j'ai vu couler des larmes,
    L'Aréopage est attendri ;
   Le peuple dépose les armes ;
   Vos accusateurs ont pâli.
Leur bouche a dévoilé l'auteur de vos alarmes,
Et du nom de Cléon le cirque a retenti.

CLÉON.

Qu'osez-vous répéter ?

OPÉRA.

EURIPIDE.

L'aveu de vos complices.

CLÉON.

Madame...

ASPASIE.

Epargne-toi de nouveaux artifices ;
Je savais de quel bras le coup était parti.

FINALE.

CLÉON.

Eh bien ! Cléon renonce à feindre.
Mon amour outragé saura se faire craindre,
Et se venger de tes dédains ;
L'Aréopage peut t'absoudre,
Périclès, conjurer la foudre ;
Mais non t'arracher de mes mains.
Qu'on la saisisse, qu'on l'entraîne,
Que dans mon palais on l'amène.
Amis, secondez mon courroux.

SUITE DE CLÉON.

Qu'on la saisisse, qu'on l'entraîne,
Il faut seconder son courroux,
Et le venger de l'inhumaine
Qui brave ses transports jaloux.

ASPASIE.

Lâches instrumens de sa haine,
D'un héros craignez le courroux.

SOCRATE et EURIPIDE.

Si le perfide vous entraîne,
Nous aurons péri sous ses coups.

CLÉON.

Qu'on la saisisse, qu'on l'entraîne !
Amis, secondez mon courroux.

SCÈNE XIV.

Les Mêmes, PÉRICLES, ALCIBIADE, PHIDIAS, ZEUXIS, Peuple.

PÉRICLÈS.

Arrête, malheureux ! de ta fureur jalouse
Suspends les criminels desseins.
Vous, qui sur Aspasie osez porter les mains,
Lâches, respectez mon épouse !

TOUS.

Aspasie est son épouse !

PÉRICLÈS.

C'est le prix de l'amour, je le dois à ton cœur.
Je t'unis à ma destinée ;
Et ce peuple, abjurant une injuste rigueur,
Vient célébrer notre hyménée.

ASPASIE.

Tes bienfaits, Périclès, changent ma destinée.
Je serai digne de ton cœur.
Crois-en ton Aspasie, elle est trop fortunée
Pour ne pas faire ton bonheur.

PÉRICLES.

Des méchants, qui prêtaient leur voix à l'imposture,
  Par le remords le crime est effacé.
  Sur son auteur retombe ton injure,
  Et de Cléon l'exil est prononcé.

CLÉON.

Et le peuple a souffert qu'on me fît cette offense !

CHŒUR.

  Le peuple a souffert trop long-temps
  Tes complots et ta violence ;
  Loin de nos murs, loin de nos champs,
  Va subir ta juste sentence.

CLÉON.

  Le même trait peut un jour te blesser ;
    Tu n'es point la première idole
Que par ce peuple ingrat j'aurai vu renverser,
    Et c'est l'espoir qui me console.

SCÈNE XV.

LES MÊMES, excepté CLÉON.

CHŒUR.

  Le peuple a souffert trop long-temps
  Tes complots et ta violence ;
  Loin de nos murs, loin de nos champs,
  Va subir ta juste sentence.

PÉRICLES.

Oublions le perfide et ses honteux excès ;
Ne songeons qu'au bonheur, à l'amour, à la gloire,
    Et que l'hymen de Périclès
    Soit couronné par la victoire.

CHŒUR.

Oublions le perfide et ses honteux excès ;
Ne songeons qu'au bonheur, à l'amour, à la gloire,
　　Et que l'hymen de Périclès
　　Soit couronné par la victoire.

FIN.

www.ingramcontent.com/pod-product-compliance
Lightning Source LLC
Chambersburg PA
CBHW070530050426
42451CB00013B/2943